Marcel Reymond

L'Art de la
Révolution française

Essai

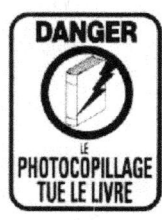
ISBN : 978-1984904522

10 9 8 7 6 5 4 3 2 1

Marcel Reymond

L'Art de la Révolution française

Essai

Table de Matières

L'art de la Révolution française [1]

J'avais d'abord pris pour titre de cette étude : « Le néo-classicisme, » et ma première phrase avait été : « Le néo-classicisme est le style qui succède au style Louis XV ; » mais je ne tardai pas à m'apercevoir que c'était là une proposition inexacte, ou tout au moins trop superficiellement énoncée ; car ce caractère de néo-classicisme par lequel on définit ordinairement l'art qui prit naissance dans la seconde moitié du XVIIIe siècle est bien loin d'en être le trait essentiel et distinctif.

Pour comprendre cet art, pour savoir ce qu'il a été, il vaut mieux le désigner autrement et lui donner son vrai nom, celui d'Art de la Révolution française. L'art de la seconde moitié du XVIIIe siècle, en effet, a été l'art de la Révolution. Tout ce que la Révolution a fait, tout ce qu'elle a voulu, surtout tout ce qu'elle a rêvé, voilà ce que cet art a exprimé, voilà ce qui constitue son essence, son fonds propre, la source féconde de toutes ses inspirations. Si nous voulons en définir les caractères principaux, nous ne les chercherons pas dans des formes extérieures, dans des apparences plus ou moins superficielles, mais dans les idées maîtresses qui ont fait la Révolution elle-même.

I. — CARACTÈRES GÉNÉRAUX DE L'ART DE LA RÉVOLUTION

§ I. CARACTÈRES PROPRES A CET ART : IDÉALISME, MORALITÉ, ÉNERGIE, SIMPLICITÉ

La Révolution fut une profonde réforme sociale, un mouvement de haute moralité fait en vue de corriger les abus et les injustices d'un inique état social. Au XVIIIe siècle il y avait trop d'inégalités entre les hommes, trop de richesse chez les uns, trop de misère chez les autres. La corruption, le libertinage, avaient envahi les hautes classes de la société, et le mal était si grand que, parmi les privilégiés eux-mêmes, tous les bons esprits en étaient frappés. A la suite des philosophes, on ne projetait plus que réformes, amélioration du sort du peuple, régénération morale.

Formé à l'image de son temps, l'art du XVIIIe siècle était devenu exclusivement aristocratique, fait pour plaire à de grands seigneurs, à des raffinés : il semblait n'avoir plus d'autre but que d'être un élément de plaisir. L'art nouveau va être un art moralisateur, un art fait pour le peuple, où l'enseignement des vertus et des devoirs civiques succédera aux images sensuelles, destructives de toute énergie, un art qui tendra à faire, au lieu d'oisifs et de débauchés, des citoyens et des soldats.

L'*idéalisme* de cet art correspondra à tous les désirs, à tous les rêves de la philosophie nouvelle, sa *moralité* aux réformes entreprises pour constituer sur d'autres bases un état social meilleur, sa *force* aux qualités d'énergie nécessaires dans la terrible lutte engagée contre l'ancien régime, sa *simplicité* à la réaction contre le luxe excessif de la société que l'on voulait détruire.

L'*idéalisme* est un des caractères fondamentaux de la Révolution. L'idée maîtresse des philosophes qui la préparent est que, en opposition avec la société détestable qu'ils veulent abolir, il y a la possibilité d'organiser une société parfaite. Trouvant mauvais tout ce qui existe, reniant le monde factice au milieu duquel ils vivent, ils pensent qu'il y a une grande loi naturelle qu'il suffit de connaître et d'appliquer pour assurer le bonheur des hommes. Ils croient à une nature idéale, à un type d'humanité supérieur aux formes particulières réalisées sous nos yeux. Et cela, c'est ce qu'en art on appelle la doctrine classique. Elle a pour conséquence de considérer les traits individuels comme secondaires, et de ne retenir que ce que l'on tient pour les caractères généraux et essentiels.

A ces novateurs, ce qui importait, c'était moins l'étude des formes que celle des idées. Une pensée philosophique et *morale* est à l'origine de toutes leurs œuvres. On pourrait dire que jamais on n'a été plus loin de la doctrine que nous désignons sous le nom d'art pour l'art. Comme aux grands siècles chrétiens, et le rapprochement est nécessaire, quoiqu'il puisse sembler paradoxal, la Révolution considérera que le rôle essentiel de l'art est d'enseigner et de moraliser les hommes et qu'il n'a de raison d'être que par son utilité. David l'a dit lui-même avec : la plus grande netteté : « Le vrai patriote doit saisir avec empressement tous les moyens d'éclairer ses concitoyens et de présenter à leurs yeux les traits sublimes d'héroïsme et de vertu. »

Par toutes ces recherches, le style révolutionnaire a sa place à côté des styles religieux. Je dirai plus, il n'eût pas été impossible, il n'eût pas été illogique que la Révolution se fit au nom de l'idée chrétienne. Dans l'histoire de l'humanité, rien ne ressemble plus à la Révolution française que le mouvement religieux suscité par Luther. Mais l'idée chrétienne était, en France, trop liée à l'idée monarchique, elle avait servi sous Louis XV à couvrir trop de vices pour pouvoir conserver son crédit. On ne pouvait plus s'adresser à elle pour redresser des abus dont elle semblait s'être faite complice. Parmi leurs ennemis, les révolutionnaires ne distinguent pas entre le trône et l'autel, et ils les unissent pour les détruire ensemble. L'art de la Révolution est donc anti-chrétien, mais on ne peut pas dire qu'il soit antireligieux.

Les motifs que les artistes choisissent disent bien ce qu'ils veulent. L'amour de la Patrie, la Justice, la Liberté, l'Amitié, l'Innocence, la Gloire, les Victoires, la Renommée, la Paix : quels admirables sujets ! C'était reprendre ce qu'il y avait eu de plus noble dans les siècles antérieurs, c'était reprendre les personnifications des plus belles Allégories antiques et des Vertus chrétiennes. Quel merveilleux progrès l'humanité ne fait-elle pas en substituant de tels motifs aux *Escarpolettes* d'un Fragonard, aux *Bains de Diane* d'un Pater, aux *Couchers de la mariée* d'un Beaudouin ! Une œuvre telle que *la Justice poursuivant le crime* de Prud'hon suffirait, à elle seule, à attester toute la grandeur de l'art de la Révolution.

A côté de ces traits d'idéalisme et de moralité, un des caractères fondamentaux de l'art de la Révolution est l'*énergie*, le culte du devoir et des vertus civiques, de tout ce qui représente une force physique ou morale. Jamais Corneille ne fut mieux compris, ni plus aimé. Jamais artiste mieux que Talma, jamais peintres mieux que David et Guérin, n'en ont fait comprendre la mâle beauté. « L'étonnante et merveilleuse tragédie, dit Geoffroy, qui se joue depuis seize ans sur le grand théâtre de l'Europe, cette époque extraordinaire qui renouvelle la face du monde, cette succession de prodiges donnent aux esprits une direction qui les éloigne des vieux hochets en possession de les amuser. Corneille, très dédaigné sous le règne des philosophes, est aujourd'hui le plus fêté, parce qu'il est le plus fort de choses… La Révolution nous a expliqué Cinna, elle en a fait un commentaire un peu plus instructif que celui de Voltaire [2]. »

Comme celle de Corneille, la gloire de Michel-Ange si obscurcie au XVIIIe siècle, si incomprise alors, si en opposition avec toutes les mièvreries de cet âge, réapparaît plus grande que jamais. Pour Stendhal, qui fut l'héritier des doctrines d'art de cette époque, Michel-Ange est un Dieu.

Enfin, par réaction contre le luxe des grands seigneurs de la monarchie, contre ce luxe qui rendait plus douloureuse encore la misère du peuple, l'art de la Révolution fut de la plus stricte *simplicité*. Il hait le luxe, non seulement parce qu'il est injuste, mais parce qu'il le juge inutile. Il supprime toutes les recherches d'élégance et de subtile complication. Son idéalisme a des visées trop hautes pour qu'il puisse s'intéresser à la courbe d'une arabesque ; il a trop à dire pour perdre du temps à ciseler les branches d'un éventail ; il a de trop rudes batailles à livrer pour s'attarder à ces passe-temps des longues périodes de paix. Et les hommes de la Révolution furent austères comme on ; l'avait été au temps de la Contre-Réforme, au moment où on luttait contre le luxe de la Renaissance, comme ils luttaient eux-mêmes contre le luxe de la monarchie française.

A côté des caractères essentiels que nous venons d'énumérer il faut en indiquer d'autres, plus secondaires et qui peuvent même paraître en contradiction avec eux. C'est ainsi qu'en opposition avec le caractère de moralité de l'art de la Révolution, nous trouvons un caractère de *sensualisme*, qui en est en quelque sorte la contre-partie. La France, quoiqu'elle l'ait voulu, n'a pas pu se délivrer de cette immoralité qui était entrée si profondément dans les mœurs. On ne change pas une société en un jour. Les plaisirs de la vie, les vices, la débauche, le jeu, tout ce qui n'était précédemment que la part de quelques-uns, au lieu de disparaître, va tendre avec le nouveau régime à devenir le lot de tous. Ce peuple si longtemps privé de bien-être, il veut à son tour jouir de ces plaisirs qu'il enviait tant. Les beaux rêves de réformes sociales conçus au début de la Révolution sombrent dans les débauches du Directoire. Et, lorsque plus tard, Napoléon redonne à la France l'ordre et la prospérité, sa cour semble faire revivre les sensualités de la cour de Louis XV. Ce sensualisme, si en désaccord avec les principes premiers de la Révolution, est cependant un des traits de ce régime, et il met dans cette époque deux caractères bien contradictoires, mais qu'il est impossible de méconnaître.

De même, à côté de l'énergie, qui est un des traits dominants de la Révolution, il faut noter le caractère de *sensibilité*. L'amour de l'humanité, la sympathie pour les faibles, bien qu'ils semblent ne pas avoir de place dans un régime qui ne vit que par la force, sont cependant au nombre des idées fondamentales de la Révolution. La foule qui applaudissait aux sentences du tribunal révolutionnaire, trouvait des larmes d'attendrissement pour ceux que parfois acquittait le tribunal. Le théâtre est plein de comédies larmoyantes, et le rôle le plus applaudi est celui de bienfaiteur de l'humanité. « On doit être rassasié au théâtre d'héroïsme et de générosité, dit Geoffroy. La bienfaisance y est aussi banale qu'elle est rare dans le monde : il n'y a point d'auteur qui ne se croie un grand génie, quand il a mis sur la scène un personnage ami de l'humanité souffrante. »

§ II. CARACTÈRE COMMUN A LA RÉVOLUTION ET A LA MONARCHIE : LE NÉO-CLASSICISME, SES ORIGINES

Pour achever de caractériser l'art de la Révolution, il faut parler de son classicisme. C'est un caractère fort notable, mais dont on méconnaît parfois la véritable signification. Si dans la formation de l'art de la Révolution il n'y avait pas eu d'autres causes que l'influence de l'antiquité, on pourrait à juste titre, au début d'une étude sur cet art, s'étendre longuement sur les fouilles d'Herculanum et de Pompéi, sur l'influence exercée par les écrits de Winckelmann, ou sur le rôle pouvant revenir à quelques artistes d'Italie ; mais de tout cela que serait-il résulté ? S'il n'y avait pas eu la Révolution, l'influence de l'antiquité se fût bornée à développer le style du XVIIIe siècle : elle aurait pu produire un Canova, un Piranesi, un Raphaël Mengs, mais jamais un David.

Ce sont d'autres causes, et nous venons de les étudier, qui ont formé l'art de la Révolution et l'ont marqué de ses caractères essentiels. Cependant cet art est classique, et il faut dire pourquoi il l'a été. Il est classique parce qu'il a trouvé dans les formes antiques le moyen de réaliser toutes les pensées qui lui tenaient tant au cœur : il est entraîné au classicisme par ses tendances idéalistes, par sa lutte contre la monarchie, et surtout par son hostilité à la religion chrétienne. L'imitation de l'art antique ne fut pas son but, mais son moyen d'expression.

L'idéalisme, ainsi que nous l'avons dit, pousse à la recherche de formes supérieures aux formes vivantes. Mais cette nature idéale dont les artistes parlent et au nom de laquelle ils veulent tout réformer, ce n'est qu'un mot, une pure abstraction. Notre esprit ne sait rien créer et n'est qu'un miroir ; et, au lieu de la beauté originale qu'ils croient trouver, ils n'y voient qu'un reflet des statues antiques, et, en les voyant si différentes de l'humanité moderne, ils conçoivent cette idée que les anciens ont déjà réalisé le critérium qu'ils poursuivent et que, pour peindre la nature idéale, il suffit de revenir aux formes créées par l'antiquité et de les imiter.

La *lutte contre les traditions monarchiques* fut une autre cause qui poussa la Révolution à recourir aux exemples de l'Antiquité. Dans l'âpre combat qui se livre, tout ce qui, de près ou de loin, rappelle l'ancien régime devient suspect. Toute notre histoire, tout notre passé national, toutes nos gloires françaises, doivent être oubliées. Il faut remonter au-delà du Moyen âge ; bien plus, il faut remonter au-delà même de l'Empire des Césars. Les leçons d'héroïsme et de vertu que l'on veut donner aux citoyens de la République naissante, seules les Républiques de l'Antiquité sont jugées dignes de les offrir. Ce sont les héros des Thermopyles et de Marathon, ce sont les héros de Plutarque, les Horaces, les Coclès, les Scevola, que l'on offre comme modèles aux générations nouvelles.

Pour des motifs analogues, la *lutte contre l'Église* porte à oublier les grands penseurs du Moyen âge et à rechercher ailleurs que dans les dogmes et les institutions chrétiennes les bases de la morale. Pour réagir contre la dissolution à laquelle avait abouti une société qui n'avait plus pour la conduire que la religion affaiblie du XVIIIe siècle, c'est aux plus belles des philosophies antiques que l'on emprunte des préceptes. Ce sont les stoïciens, c'est Lycurgue, c'est Socrate et Platon que l'on prend comme éducateurs du peuple. Nous touchons ici à la grande question des rapports de l'antiquité avec la religion chrétienne, et c'est un point capital, celui que nous considérons comme le plus important de notre étude et qu'il importe d'étudier avec une particulière attention.

En imitant l'Antiquité, l'art de la Révolution ne fait qu'obéir à cette tendance dont toute l'histoire nous donne des preuves et qui fait que tout recul de la pensée chrétienne a comme conséquence dans les arts une recrudescence de l'influence antique. Toute l'histoire, depuis la Renaissance jusqu'aux temps modernes, est marquée par cet antagonisme entre l'Antiquité et le Christianisme, et il convient de le rappeler en quelques mots.

La Renaissance, créée à Florence, ne s'y était pas développée depuis un demi-siècle qu'elle apparut comme une force hostile à la pensée chrétienne et a sa morale ; une terrible réaction se fait contre elle : Savonarole brûle les œuvres d'un Botticelli, les Médicis sont chassés de Florence et c'est le Christ lui-même que l'on prend comme patron de la République florentine épurée.

Repoussée de Florence, la Renaissance trouve un nouveau terrain pour se développer à Rome même, lorsque deux Médicis sont appelés sur le trône pontifical. Mais là encore cette Renaissance est de courte durée. Comme à Florence, elle s'était manifestée avec un caractère de sensualisme que les vrais chrétiens ne peuvent admettre. Le monde chrétien s'insurge, Luther provoque la séparation des peuples du Nord, et la Papauté doit reconnaître que cette Renaissance, qu'elle avait si imprudemment favorisée, lui est néfaste. La réaction est violente à Rome comme elle l'avait été à Florence, mais cette fois plus puissante et plus durable. Le Concile de Trente donne le signal de cette orientation nouvelle du monde moderne, et les papes de la fin du XVIe siècle et du XVIIe créent cette grande restauration religieuse qui se manifeste dans les arts par les styles connus sous les noms de *Baroque* et de *Rococo*. Cette période ne prit (in à son tour que lorsque les idées chrétiennes qu'elle représentait s'affaiblirent et disparurent. Le néo-classicisme remplaçant le Baroque, c'est le triomphe de l'esprit anti-chrétien.

Un exemple très significatif de cette opposition entre l'esprit antique et l'esprit chrétien nous est donné par les impressions de Goethe, l'homme qui, plus que tout autre, semble incarner le néo-classicisme à son apogée. Goethe va jusqu'à renier l'art national allemand parce que cet art est chrétien. Pour lui, tout ce qui est chrétien est barbare. De toute l'œuvre de Raphaël, il ne retient que les fresques de la Farnésine ; et, à Assise, la cité sainte du christianisme, il semble ignorer saint François pour ne s'intéresser qu'aux ruines d'un temple antique [3].

Nous allons montrer que le style néo-classique s'est formé en France non pas seulement, comme on le dit généralement, à la fin du XVIIIe siècle, mais longtemps auparavant, et que, loin d'être le trait qui distingue le style de la Révolution du style Louis XV, il est au contraire celui qui les unit ; en d'autres termes, que le néo-classicisme fut l'œuvre de la Monarchie autant que celle de la Révolution. Nous montrerons ensuite que le néo-classicisme fut une création exclusivement française et que, au moment où il s'est formé, il était en opposition avec les tendances artistiques de la plupart des grands pays de l'Europe.

Si un caractère aussi important que le classicisme s'est transmis de l'art de la Monarchie à celui la Révolution c'est qu'il n'y a pas entre ces deux périodes une rupture absolue, mais qu'elles sont unies par un caractère commun, caractère qui est l'affaiblissement du christianisme. La France a créé le style néo-classique parce qu'elle était le pays où les idées de la Renaissance avaient le plus profondément pénétré et régné avec plus de continuité.

La Renaissance apparaît en France dès le début du XVIe siècle, et elle y fait des progrès extrêmement rapides, tellement elle convenait bien par son esprit à la Cour des Valois. Au sensualisme de François Ier il fallait le sensualisme de Léonard de Vinci, du Primatice et de Benvenuto Cellini. Et cet art persista en France beaucoup plus longtemps qu'en Italie : la réaction religieuse qui se manifesta en Italie dès le milieu du XVIe siècle, sous l'action des Papes de la Contre-Réforme, fut en France plus tardive et surtout plus fugitive : elle n'eut réellement quelque effet que sous le règne de Louis XIII, et dès le règne de Louis XIV, cette réaction chrétienne perdit sa force et fut impuissante à refouler l'influence antique, qui ne tarda pas à redevenir souveraine. Toute la littérature du XVIIe siècle est classique, et si la pensée chrétienne a pu s'associer merveilleusement à la beauté antique chez un Bossuet et un Fénelon, on peut néanmoins dire que généralement elle passe alors au second plan. La plupart des écrivains du grand siècle, La Rochefoucauld, La Bruyère, Racine, La Fontaine, Molière ne sont pas de purs croyants.

M. Faguet a très nettement montré ce caractère dans l'évolution de la littérature, en disant : « Il y a eu un âge littéraire en France qui a duré 250 ans, où l'on s'est avisé *d'imiter les anciens*, de faire par suite une littérature *non nationale, non religieuse*. Voilà dans ses grands traits tout l'esprit de la *littérature classique* en France de 1550 à 1800 [4]. »

Et la France, classique par sa littérature, ne rêve que de classicisme pour ses arts. Lorsqu'elle crée à Rome une Académie et qu'elle y envoie ses meilleurs artistes, c'est moins pour étudier les maîtres contemporains que l'antiquité classique, les Grecs et les Romains. Nos artistes n'ont pas aimé l'art du Bernin, qu'ils trouvent trop hardi, trop novateur, et ils sont remontés aux maîtres de l'antiquité ou à ceux qui les rappelaient le plus, aux artistes de la haute Renaissance, à un Bramante ou à un Palladio.

Si l'on cherche les raisons de cet affaiblissement de la pensée chrétienne et de la réapparition de l'influence antique qui y correspond, on pourrait peut-être entrevoir comme cause première le désir de la royauté française de s'affranchir de toute sujétion à l'autorité étrangère des Papes, ce désir qui avait fait que tant de nations de l'Europe, les Grecs, les Russes, les Allemands, les Scandinaves, les Anglais s'étaient successivement séparés de l'église catholique pour ne plus dépendre de l'autorité d'un chef romain, ce désir qui avait provoqué les guerres religieuses du XVIe siècle en France et qui, sous Louis XIV, se manifesta par la tentative de création d'une Eglise gallicane. Louis XIV se croit trop grand pour accepter un autre pouvoir à côté du sien, fût-ce celui des Papes ; il tient dans son royaume une place trop importante pour que celle de Dieu n'en soit pas un peu diminuée. Dans cette divinisation de sa personne, la religion va passer au second plan. Les deux principales églises qu'il construisit furent deux monuments qu'il éleva à sa gloire : l'une la Chapelle de son château de Versailles, véritable salle de spectacle ; l'autre, le Dôme des Invalides fait pour célébrer ses victoires. Le grand acte de son règne ne sera pas de construire une église, mais un palais. Versailles dit tout. Tout l'or, tout le sang d'un peuple va passer dans la construction de la demeure du Roi. Pendant un quart de siècle, tous les artistes de France, enchaînés à cette œuvre colossale, perdent de vue toute pensée religieuse, et, véritables disciples de l'antiquité, ils consacrent tous leurs efforts à faire revivre la mythologie païenne et à couvrir de nudités les salons du palais et les bosquets des jardins. Comme pensée, comme monument d'architecture, comme formes des arts plastiques c'est déjà le XVIIIe siècle qui est créé.

Sous Louis XV, le mouvement ne fait que s'accentuer, l'amour de l'antiquité augmentant à mesure que le sensualisme pénètre davantage dans les mœurs. La pensée chrétienne va déclinant d'une marche lente mais sans arrêt. Le mot de religion peut bien être encore sur les lèvres, mais ses vertus ne sont plus dans les cœurs. La religion subit de nouveaux assauts avec les philosophes, avec Voltaire, Diderot, d'Alembert, Rousseau, et lorsque la Révolution arrive, lorsque pour la première fois depuis le début de l'ère chrétienne, elle fait apparaître une politique qui se dit nettement anti-chrétienne, elle ne fait qu'achever l'œuvre commencée depuis plus d'un siècle.

C'est donc en réalité du règne de Louis XIV qu'il faut faire partir tout le mouvement du néo-classicisme, et, pour achever de préciser cette thèse, nous montrerons en quelques mots cette apparition et cette évolution du style néo-classique dans les diverses branches de l'art depuis le XVIIe siècle jusqu'à la Révolution.

L'art de l'*architecture* sera le premier à nous donner des exemples particulièrement frappants. Si l'emploi des formes antiques peut se comprendre dans la construction d'un édifice civil moderne, sans qu'il y ait lieu de tirer de ce fait aucune déduction spéciale, car il ne présente rien d'anormal, il n'en est plus de même lorsqu'il apparaît dans un édifice religieux, surtout lorsqu'il y devient prépondérant ou exclusif. Il prend alors une signification que l'on ne saurait méconnaître. Il dit que le sentiment religieux n'est plus assez fort pour maintenir les formes purement chrétiennes, que l'expression de la beauté peut suffire à satisfaire les esprits et fait passer au second plan l'expression de l'idée religieuse. Là où cette pensée demanderait des bas-reliefs, des statues, des tableaux représentant des sujets religieux, on se contentera de placer des colonnes, des pilastres, des corniches et des frontons.

Il ne s'agit pas ici de savoir si les formes grecques sont plus ou moins belles que les autres formes d'architecture, ni même de savoir si elles n'ont pas le défaut de ne pouvoir facilement être utilisées dans nos pays du Nord ; la question fondamentale est de constater qu'elles n'ont rien qui les relie à la pensée chrétienne. La colonne qui est un support, le fronton qui n'est que la forme d'une toiture, peuvent fort bien être conservés dans une architecture chrétienne, mais à la condition que, à côté de ces éléments constructifs, il y ait autre chose, des formes disant que l'édifice n'est plus un temple antique, mais une église chrétienne. Cela, ce que Bramante et les maîtres de la Renaissance n'avaient pas vu, les Papes de la Contre-Réforme le comprirent. Ils pensèrent que les chrétiens pouvaient encore se servir de l'architecture grecque, mais à la condition de la transformer et ils créèrent un art nouveau, un art qui tenait encore du classicisme, mais qui, sur certains points, s'en éloignait tellement que les vrais classiques le combattirent avec acharnement et le flétrirent en lui donnant ce nom de *Baroque* sous lequel nous le désignons encore aujourd'hui.

Le Baroque sans doute pénétra à Paris, mais il n'y poussa pas de profondes racines. C'est surtout sous le règne de Louis XIII qu'il fut apparent, créant entre autres les églises de Saint-Paul-Saint-Louis, de la Sorbonne et du Val-de-Grâce. Sous Louis XIV, c'est encore au Baroque que l'on doit cet immortel chef-d'œuvre qu'est le Dôme des Invalides. Mais ce style ne se développe pas, et l'église de l'Assomption, faite par Errard dès 1610, avec sa forme ronde, sa coupole et son portique montre comment la France laisse rapidement tomber les caractères chrétiens pour retenir surtout les caractères classiques. Plus tard sous Louis XV, dans diverses façades, dans celles de Saint-Roch, de Saint-Eustache, dans les façades latérales de Saint-Sulpice, c'est bien encore du Baroque italien, mais avec une absence complète de sculptures chrétiennes et un emploi presque exclusif des formes architecturales. Et ces églises ont déjà tant de traits classiques qu'elles ne sont pas sensiblement différentes de celles construites un demi-siècle plus tard. Il faut quelque attention pour reconnaître que la façade de Saint-Roch (1736) n'est pas de même date que celle de Saint-Thomas d'Aquin qui ne fut faite qu'en 1787.

L'exemple le plus caractéristique pour montrer la résistance de la France à l'art baroque est peut-être l'histoire des projets du Bernin pour le Louvre. On n'a pas assez remarqué que, si l'on renonça aux projets du Bernin, ce ne fut pas pour les remplacer par des constructions d'un style plus français ou plus moderne, mais par des constructions plus classiques. La colonnade de Perrault, sans lien avec les traditions de l'architecture française, conçue en dehors de toute utilité pratique, sans aucun égard aux lois imposées par le climat, fut préférée aux projets <\u Bernin, malgré tous ces graves défauts, pour une seule raison, c'est qu'elle était plus classique. La colonnade de Perrault c'est bien vraiment le point de départ du néo-classicisme en France.

Il faut remarquer que ce classicisme eut presque exclusivement son siège à Paris. En province, on le connaît peu ; là le clergé, subissant l'influence des grandes corporations religieuses et celle de la Papauté, conserve plus qu'à Paris les formes d'une architecture chrétienne. Le Baroque, qui s'atrophie à Paris, se développe parfois brillamment en province. Là les traditions gothiques, qui tiennent une si grande place dans la formation du Baroque, mettent dans ce style cette richesse, cette fécondité, qui sont un de ses plus puissants attraits.

Si nous étudions la *sculpture*, elle nous parlera de même et nous dira quelque chose de plus encore. Sauf de rares exceptions, et ces exceptions ne concernent que ceux qui vivent à Rome, tels que Le Gros, Monnot ou Théodon, les sculpteurs français ne s'inspirent pas des artistes italiens du XVIIe siècle qu'ils comprennent mal : ils ne voient à Rome que la statuaire antique et tous leurs efforts tendent à l'imiter. Ce désaccord entre l'art français et l'art italien est alors bien plus grand que nous ne le pensons ordinairement. Seuls en effet les Français au XVIIIe siècle font des statues nues. Dans son amour de la nudité féminine, dans son désir de rendre la chair vivante que ses yeux d'artiste ont caressée, Clodion surpassera tous ses prédécesseurs et les Grecs eux-mêmes.

Or cela, la Rome papale ne le veut pas : elle est hostile à la nudité de la femme qui choque la pudeur chrétienne. A Rome, après la *Vérité* du Bernin, je ne sais si, pendant tout un siècle, on pourrait citer une seule statue de femme nue. Et, comme en Italie, partout en Europe, dans les Pays-Bas, en Allemagne, en Espagne, les statues de femmes nues sont proscrites. N'est-ce pas là un point capital ? Seule en Europe la sculpture française, au XVIIIe siècle, se fait antique, et elle le devient parce qu'elle est sensuelle, et elle est sensuelle parce qu'elle se déchristianise. C'est l'évolution même que nous avons vue se produire au XVIe siècle entre les mains de Cellini et du Primatice. C'est l'art que la Rome chrétienne de la Contre-Réforme avait combattu et que la France reprend en devenant plus sensuelle encore que les Italiens au temps de la Renaissance.

Bien que l'on puisse dire en un sens que la *peinture* française au XVIIIe siècle est fort différente de l'art classique, il est un point essentiel par lequel elle se rattache à l'antiquité, c'est cet amour de la nudité qui prédomine chez elle tout autant et peut-être plus encore que chez les sculpteurs. Les peintres, il est vrai, n'avaient pas comme les sculpteurs de modèles antiques à imiter, mais la mythologie, avec toutes ses fables légères, était une source où ils ne cessaient de puiser. Sous Louis XV, comme dans la Rome antique, la même soif de plaisir fit naître le même art voluptueux. Toutes les femmes se déshabillent dans l'atelier d'un Pater et toutes demandent à un Nattier de les transformer en déesses de l'Olympe.

Le musée de Grenoble possède un tableau de Colin de Vermont qui représente *Roger entrant dans le palais d'Armide*. L'œuvre est exquise comme un Paul Véronèse. En avant d'un magnifique palais dont les colonnes de marbre rappellent les plus belles architectures vénitiennes, Armide, vêtue comme une actrice de l'Opéra, entourée des plus jolies filles de sa cour, s'avance gracieuse pour recevoir le héros, le guerrier triomphateur. Et lui, désarmé par les Amours, il va vers ce palais où toute sa force s'évanouira dans les bras de la sirène. L'œuvre est un enchantement pour les yeux et l'on voudrait s'abandonner sans réserve à son charme, mais on ne peut s'empêcher de songer à l'abîme que cachent toutes ces fleurs. Cette Armide charmante c'est l'image même d'un état social corrupteur, de ce règne de courtisanes qui démoralisaient la France et qui la désarmaient.

C'est contre cet art sensuel et anti-démocratique que l'art de la Révolution s'est insurgé. Nous avons vu par quels moyens il le fit, et nous savons que c'est en s'inspirant de cette même antiquité qu'il réagit contre l'œuvre du XVIIIe siècle. On peut s'étonner de voir puiser à une même source l'idéal de deux arts ayant des principes si différents : l'un tout fait de grâce, d'élégance, de légèreté, de sensualisme ; l'autre d'énergie, de sérieux, de simplicité.

C'est que l'on peut faire dire à l'antiquité bien des choses. L'antiquité n'est pas une époque d'un jour ; elle comprend de longs siècles, elle a été l'œuvre de peuples divers, elle a exprimé tour à tour les idées les plus opposées. Il y a loin de l'Athènes de Périclès à la Rome de Néron, de la philosophie de Platon à celle d'Ovide, et les statues du fronton d'Egine sont aussi distantes des fresques de Pompéi que l'œuvre de David l'est de celle de Boucher.

Toutes ces considérations sur l'importance du néo-classicisme en France, qui nous permettent d'affirmer que ce style fut une œuvre essentiellement française, deviendront encore plus évidentes si nous regardons ce qui se passe alors, soit en Italie, soit dans les autres pays de l'Europe.

Il faut d'abord montrer que ce n'est pas l'Italie qui a créé le style néo-classique. Pour la première fois depuis de longs siècles, dans un grand mouvement d'art européen, la direction lui échappe. Comme l'art nouveau s'est créé au nom de l'antiquité, comme tous les réformateurs ne cessent de parler de Rome et qu'ils vont tous dans cette ville comme en un lieu de pèlerinage sacré, on a pu croire que les artistes italiens avaient eu une part, et une part très grande, dans ce mouvement. Or il n'en est rien et ceci, dans l'histoire de l'art, est capital à préciser. Ce sont des étrangers, des Français qui, dès la fin du XVIIe siècle, vont à Rome pour étudier l'antiquité ; ils oublient et méprisent tout ce qui est vivant à Rome et tout ce qui s'y est fait depuis tant de siècles sous l'action de la pensée chrétienne, pour ne regarder que les œuvres remontant à l'antiquité païenne : ils n'ont pas d'autre ambition que de devenir des citoyens de l'ancienne Rome.

La Rome papale, loin de créer le style néo-classique, lui a été indifférente et hostile ; Rome qui a créé le Baroque, c'est-à-dire un art où la pensée chrétienne restait prépondérante, où elle n'employait les formes de l'antiquité qu'en les transformant profondément ; Rome n'a aucune raison pour renoncer à un art si bien fait pour elle ; pendant plus de deux siècles elle va le poursuivre sans en modifier le caractère.

Pour faire comprendre les divergences qui existent alors entre les diverses nations européennes et pour expliquer notamment quelle fut, dans la création du style néo-classique, la part de l'Allemagne, il m'est nécessaire d'avoir recours à une digression et de rappeler qu'il y eut, entre le Baroque et le néo-classicisme, un style Rococo.

I. — CARACTÈRES GÉNÉRAUX DE L'ART DE LA RÉVOLUTION

Le Rococo c'est le Baroque évoluant vers des idées de grâce, d'élégance, d'ornementation surabondante ; mais c'est un style qui ne cesse pas d'être chrétien et ce sont des prêtres, les Jésuites, qui l'ont transporté dans toute l'Europe catholique. Fait pour les églises, le Rococo est un art populaire, il vise à des effets pompeux, propres à frapper l'imagination ; il est brillant, riche, couvert de fleurs ; il est ardent, violemment expressif, au risque de devenir vulgaire, cherchant à mettre le plus de vie possible sur les lignes inanimées de l'architecture. C'est l'esprit même qui, au XVe siècle, faisait couvrir de figures d'anges toutes nos cathédrales gothiques et transformait les pierres massives en résilles de dentelle.

Le Rococo est l'œuvre des pays gothiques restés chrétiens : pour le connaître il faut voir les intérieurs des églises d'Allemagne, les façades espagnoles et les chaires de Belgique. Mais il n'a été aimé ni à Rome, ni en France.

Il ne plaît pas à Rome où il y a toujours une suprématie de l'idée de puissance qui est hostile aux recherches de trop grande préciosité. Rome, c'est la ville des Césars et c'est la ville des Papes. La façade de l'église du Latran, qui date du milieu du XVIIIe siècle, est peut-être l'œuvre la plus forte qu'ait faite la Papauté. Elle est le témoignage de la persistance du Baroque à Rome et de la résistance de cette ville à l'exubérante richesse du Rococo, comme au paganisme de l'art néo-classique.

Le Rococo ne pénètre pas non plus en France où l'on n'est plus assez chrétien pour comprendre un tel art. Le style Louis XV est très différent du Rococo : personne ne peut songer à rattacher à ce style les grandes œuvres d'architecture telles que le Panthéon ou les façades de Saint-Sulpice et de Saint-Eustache. Si l'on considère l'art décoratif, il faut un peu plus d'attention pour marquer les dissemblances. Par son luxe et sa complication le décor Louis XV se rapproche du Rococo, mais il s'en distingue profondément en raison de son caractère purement profane. Au lieu de s'épanouir dans les vastes espaces des églises, il se confine dans les boudoirs des palais ; il s'attache au décor d'appartements privés, excellant à ciseler d'élégants lambris, et sa réussite la plus parfaite est dans le mobilier. Le style Louis XV n'^est pas, comme le vrai Rococo, un art chrétien et populaire, mais un art aristocratique et sensuel ; le peuple l'a détesté et tous ses efforts ont contribué à le détruire. Au contraire, dans tous les pays catholiques de l'Europe, en Belgique, en Espagne, dans l'Allemagne du Sud, le Rococo est resté populaire et a résisté longtemps à l'influence du néo-classicisme.

En Europe, à côté de la France, un seul pays a eu un art néo-classique, c'est l'Allemagne du Nord qui, depuis Luther, est toujours en contradiction avec ce que fait la Rome catholique. Au XVIIIe siècle, l'Allemagne protestante s'insurge contre le Rococo, où elle croit voir trop de sensualisme, contre cet art qui est tout extérieur, tout fait pour la joie des yeux ; et c'est au nom de l'antiquité que les philosophes du Nord vont le combattre et s'unir aux Français pour créer le style néo-classique.

Les relations de Voltaire avec Frédéric II sont le plus éclatant témoignage de cette union. Le néo-classicisme allemand fut l'œuvre de ses penseurs, celle d'un Lessing, d'un Winckelmann, d'un Kant, et, à son apogée, celle d'un Goethe.

Et il faut remarquer que le philosophe français qui eut le plus d'influence, au cours du XVIIIe siècle, dans la lutte contre le sensualisme de la monarchie française, et qui eut le plus d'action pour provoquer l'avènement d'une société nouvelle et de cet art néo-classique fait à son image, ce fut J.-J. Rousseau, un Genevois, un citoyen de la ville de Calvin.

En somme, si l'on étudie les trois grandes formes d'art qui ont régné pendant le XVIIe et le XVIIIe siècle, on peut dire que l'Italie n'a connu que le Baroque, que le Rococo ne s'est développé que dans les pays chrétiens a traditions gothiques, tels que l'Espagne et l'Allemagne du Sud, et que seule l'Allemagne du Nord, a, comme la France, mais d'une façon tout à fait secondaire, recherché le néo-classicisme. Le néo-classicisme est essentiellement l'œuvre de la France, c'est la suite même de ce classicisme qui n'a cessé de régner chez elle depuis le début de la Renaissance et qui atteignit à son apogée, vers la fin du XVIIIe siècle, dans l'art de la Révolution.

II. — ÉTUDE DE L'ART DE LA RÉVOLUTION

§ I. SON ÉVOLUTION

La Révolution a été une époque si troublée, si profondément remuée par de continuels et brusques changements, que son art a eu des phases multiples et bien courtes. Parfois elles sont si brèves que nos artistes n'ont pas le temps de marquer par de grandes œuvres ces étapes successives. Sa plus belle, sa plus pure époque, les grands jours de 1789, n'ont pas été fixés comme ils auraient dû l'être ; mais, malgré tout, l'art peut encore suffire à lui seul pour faire revivre devant nous les diverses phases de son évolution.

De même que la Révolution s'est préparée longtemps avant d'éclater, de même son art a commencé à s'élaborer progressivement avant de se constituer définitivement. Nous avons vu déjà qu'un de ses caractères, le classicisme, correspondant à l'affaiblissement du sentiment religieux, se rencontre dès le règne de Louis XV, et même dès le règne de Louis XIV.

Avec Louis XVI, d'autres caractères plus nombreux apparaissent. Toutes les idées de la Révolution sont déjà en germe, et l'art de cette époque, si charmant, les exprime non pas dans ce qu'elles devinrent plus tard, mais dans leur primitif idéal. C'est un art tout fait de sensibilité et d'amour. Ces mots sublimes que la Révolution inscrira partout, mais qu'elle réalisera si mal : Liberté, Égalité, Fraternité, ce sont les mots que prononcent tous les artistes, comme tous les Français. On eut alors la conception d'un bonheur comme seuls en donnent les rêves, comme seule en donne cette vertu qui a nom l'Espérance. Toutes les misères de la terre étaient oubliées et il semblait que l'on allait revivre au milieu d'un paradis terrestre. A côté des Turgot et des Malesherbes, un Bernardin de Saint-Pierre, et un Greuze sont les maîtres de cet âge. Mais, dès le début de la Révolution, les événements se précipitent plus vite que ne le pensaient leurs initiateurs, et surtout ils changent de caractère. La Révolution ne peut se faire dans le calme et dans la paix, et la France va vivre au milieu des horreurs de la guerre civile et des redoutables dangers de la guerre avec toutes les Puissances de l'Europe. Dès lors, tout ce que les philosophes avaient rêvé, cet âge de bonté et de paix, cet amour universel, tout cela s'efface, tout change, et seul le sentiment de la force va régner en souverain. Aux hommes de la Convention, à Robespierre et à Danton, il faut des peintres comme Lethière et David.

Et l'anarchie survient. La France désorganisée est la proie de tous les ambitieux. La corruption, cette corruption que l'on avait tant reprochée à la monarchie, va reparaître plus forte et plus étendue encore sous le Directoire. Les Boilly et les Dobucourt, nouveaux petits maîtres de fêtes galantes, plus sensuels encore que leurs devanciers, peindront la société où règnent Mme Tallien et Barras,

Cela ne pouvait durer ; il fallait un chef pour tout réorganiser, et la France républicaine le trouva en Napoléon. Avec lui, elle voit renaître l'énergie des grands jours de la Révolution. La guerre continue, mais elle cesse d'être une épouvante. La France ne lutte plus pour son indépendance ; elle ne craint plus pour la sécurité de ses frontières, elle devient conquérante. La guerre qui la ruinait va l'enrichir, c'est l'ère des succès, des triomphes, c'est la joie et l'orgueil revenus au cœur de toute la nation. Gros et Gérard diront la grandeur de l'épopée napoléonienne, et David, toujours sur la brèche, au tableau tragique des *Horaces* s'apprêtant à mourir pour la patrie, fera succéder les splendeurs de la *Remise des Aigles* et du *Sacre de l'Empereur*.

Avec l'Empire d'autres idées encore réapparaissent. Napoléon, dans sa réorganisation de la France, cherche à renouer avec le passé les liens que la Révolution avait trop imprudemment tenté de briser. On ouvre de nouveau ces églises que l'on avait fermées. Prud'hon, dans son *Christ* et dans sa délicieuse *Madone* entourée d'anges, commence le premier à reprendre les motifs chrétiens. Après avoir débuté en faisant le portrait de Marat, c'est par celui d'un Pape que David termine sa carrière. Les arts font revivre nos gloires nationales et, après les Brutus et les Marcus Sextus, ils évoqueront un du Guesclin et une Jeanne d'Arc (Salons de 1806 et de 1808). D'autre part, le luxe de l'Ancien Régime renaît à la cour de l'Empereur. L'architecture de Percier et de Fontaine se couvre de ces ornements si méprisés par les fondateurs du néo-classicisme. Canova et Prud'hon retrouvent tout le charme du XVIIIe siècle. On sent l'influence de Joséphine, à côté de celle de Napoléon.

Enfin il faut dire que l'art que nous étudions ne disparait pas avec la chute de l'Empire. L'esprit de la Révolution a mis si profondément son empreinte dans l'âme française qu'il n'a cessé de régner jusqu'à nos jours. Pendant toute la première partie du XIXe siècle, quels qu'aient été les changements dus à la monarchie, les souvenirs de la République et de l'Empire sont au fond des cœurs et ne cessent d'agir sur l'âge nouveau. La poésie de Victor Hugo y trouve ses sources les plus fécondes, et nuls sculpteurs ne représenteront plus intimement cet art qu'un Rude et un David d'Angers, ces maîtres qui ont si fièrement terminé la décoration du Panthéon et de l'Arc de triomphe de l'Étoile.

Sans insister davantage, nous chercherons, en étudiant successivement l'architecture, la sculpture et la peinture, à déterminer d'une manière un peu plus précise l'art si divers de cette grande époque.

§ II. — L'ARCHITECTURE

Quand on étudie l'histoire de l'art dans ses grandes divisions, s'il faut avant tout tenir compte des formes de la civilisation des peuples, des idées qui les dirigent et qui sont le fond même de toute chose, il y a des traits accessoires qui peuvent influer sur les arts et, parmi ces traits, un des plus notables dérive des matériaux que les hommes ont à leur disposition. Peu importante pour la peinture, cette influence est considérable pour la sculpture et l'architecture. Il est hors de doute que l'incontestable supériorité de la Grèce, dans l'art de la sculpture, lui vint de la qualité de ses marbres ; et les considérations tirées des matériaux sont non moins saisissantes, si l'on envisage l'évolution de l'architecture.

Si un pays possède des matériaux résistants, il sera conduit à les utiliser avec toutes leurs qualités ; il en fera, pour porter ses toitures, des supports isolés et légers. L'absence de belles pierres nécessitera au contraire l'emploi des murs et des gros piliers massifs en maçonnerie. Ainsi apparaissent deux des plus importantes formes de l'architecture en Europe. La première comprend l'architecture grecque et la gothique ; la seconde comprend l'italienne, soit celle de l'âge antique, soit celle de l'ère chrétienne. Si l'Italie n'a jamais fait de la vraie architecture gothique, pas plus que de l'architecture grecque, c'est qu'elle n'avait pas les pierres nécessaires pour ces deux architectures[5]. La France, possède ces matériaux, non pas sans doute des marbres comme la Grèce, mais des pierres au grain fin et serré qui ressemblent à des marbres, et, comme elle est seule en Europe à les avoir, il n'est pas étonnant qu'elle ait surpassé toutes les autres nations par la beauté de son architecture, et que seule elle ait pu refaire l'architecture grecque, comme seule elle avait pu faire vraiment de l'architecture gothique. C'est la belle qualité de la pierre française qui explique les colonnes classiques du XVIIIe siècle, comme les fins piliers gothiques du XIIIe.

La grande caractéristique de l'architecture française du XVIIIe siècle est l'emploi de la colonne. La colonne reprend sa fonction constructive comme dans les temples grecs, et pour la surmonter, on renonce à la courbe des arcs pour revenir à la ligne horizontale de l'entablement. Un des grands désirs de l'architecture italienne, depuis la Renaissance, avait été de faire revivre la colonne, mais elle ne put le réaliser complètement. A Rome, avec le travertin au grain si irrégulier, on ne peut faire une belle colonne, surtout il semble impossible de faire une colonne cannelée. Et c'est pourquoi à Rome on ne voit pas une seule colonne cannelée à l'extérieur des édifices. On ne les trouve que dans les intérieurs, là où l'on emploie les marbres rares ou les stucs, matières qui ne conviennent pas pour les extérieurs, soit à cause de la cherté des unes, soit à cause de la fragilité des autres. Il n'y a rien à Rome qui ressemble à la colonnade du Louvre, aux façades de Saint-Sulpice, de la Madeleine ou du Panthéon. Ces considérations ont pour but de nous montrer que la France était capable de faire de l'architecture grecque. Cette architecture, nous avons indiqué déjà pourquoi elle voulait y revenir, et nous avons insisté sur ce fait que l'affaiblissement du sentiment chrétien en était la raison la plus sérieuse. Le désir de s'affranchir des liens du christianisme, vague à ses débuts, prend de plus en plus corps au XVIIIe siècle, pour devenir bientôt un des traits essentiels de la Révolution. C'est ainsi que le néoclassicisme débute sous Louis XIV avec Perrault et se développe sous Louis XV avec Servandoni, Gabriel et Soufflot, pour s'affirmer triomphant avec les architectes de la Révolution.

Le style architectural créé par le XVIIe et le XVIIIe siècle était, en somme, peu différent de celui que désiraient les hommes de l'âge nouveau. Aussi ne fut-il pas très profondément modifié. Ce qui distingue l'art de la Révolution de celui qui le précède, c'est d'abord un pas de plus vers l'imitation de l'art grec, avec la volonté de faire disparaître tout ce qui aurait pu rappeler les formes de l'architecture chrétienne ; et c'est aussi la proscription de toute ornementation, de tout ce luxe qui semblait être le symbole de l'Ancien Régime : la sévérité, la force remplacent l'élégance et la richesse.

Si l'on considère l'église Sainte-Geneviève, aujourd'hui le

Panthéon, comme étant le testament artistique de la monarchie, on doit tenir l'Ecole de Médecine de Gondoin (1765) comme le point de départ de l'art nouveau. Le Panthéon, c'était une œuvre éclatante, splendide comme du Palladio ; l'Ecole de Médecine, c'est le Temple noble et grave de la pensée humaine. Elle s'ouvre par un péristyle formé de quatre rangées de colonnes, laissant entrevoir au fond de la cour, comme entrée principale, un portique surmonté d'un fronton. Et l'on a l'impression que des édifices nouveaux, les Temples de la Science, vont succéder aux Eglises chrétiennes. L'Ecole de Médecine est comme le pendant de ce grand monument de l'Encyclopédie qui allait devenir la Bible des temps modernes. Comme caractère particulier de cette Ecole de Médecine, il faut noter l'apparition du dorique, le plus puissant et le plus sévère des ordres grecs, qui se substitue au style un peu mièvre de l'ionique et au style trop riche du corinthien. Le dorique sera la signature de tous les monuments de cette époque.

Pour aider à comprendre cet art, je ne sais pas de commentaire plus précieux que les lignes consacrées à cette École de ; Médecine par Landon, dans ses *Annales*, en 1803 : « C'est, dit-il, la majesté de l'architecture romaine, dépouillée de ses riches superfluités et rapprochée de la simplicité grecque, et grande par la disposition de ses masses... Tout le système de la vieille, architecture fut renversé par cet exemple inattendu... Plus de pavillons, d'avant-corps, d'arrière-corps... le tout contre l'usage reçu en France, et dont les Coûtant, les Gabriel et les Soufflot venaient de donner de si récents et de si dispendieux exemples dans l'Ecole-Militaire, la Madeleine et la nouvelle Sainte-Geneviève. Cette Ecole fut proclamée le chef-d'œuvre de l'architecture moderne et aucun autre édifice n'a pu encore lui enlever ce titre. »

Landon ne cesse dans ses écrits de reprocher à l'architecture du XVIIIe siècle de sacrifier les masses à des subdivisions puériles. « On parle sans cesse d'antique, dit-il, et l'on ne fait que des œuvres barbares et modernes. » Il est très intéressant de constater que, pour les hommes de la Révolution, des œuvres telles que celles de Gabriel et de Soufflot n'étaient pas encore suffisamment antiques.

Les monuments que les architectes auront à construire ne seront plus désormais des églises. Depuis Saint-Philippe du route qui, commencé en 1756, fut la dernière église construite par la monarchie, jusqu'à la Chapelle expiatoire (1826), première église construite par la Restauration, il se passe un demi-siècle pendant lequel s'élèvent exclusivement des constructions civiles : ce sont notamment les salles du Corps législatif et du Tribunat, les palais du Sénat et du chef du gouvernement. « Là, dit encore Landon, on trouve la grandeur, la décence, la dignité qui conviennent aux autorités publiques, là on verra que notre architecture a fait quelques progrès en se rapprochant de la sagesse et même quelquefois de la sévérité du style antique. »

Mais, à vrai dire, la République à peu construit, elle n'a pas eu le temps de le faire, et si l'on voulait étudier avec quelque soin son architecture, ce sont les projets de ses architectes qu'il faudrait consulter.

Il faut attendre la réorganisation de la nation par l'Empire, il faut attendre la richesse qu'il donne à la France, pour voir reparaître l'ère des grandes constructions monumentales. Elles se firent dans le même esprit classique, mais en renonçant à la sévérité jacobine qui ne convenait plus pour exprimer les triomphes et les joies d'un peuple vainqueur de toute l'Europe.

Napoléon, grand comme les Césars, veut une architecture semblable à la leur. Et jamais le monde n'a été plus vraiment classique. Lorsque Napoléon projette de construire le Temple de la Gloire, aujourd'hui la Madeleine, les architectes chargés de juger le concours donnèrent le premier prix à de Beaumont. Mais Napoléon se refusa à ratifier leur jugement. L'œuvre choisie était peut-être la plus belle du concours, mais il estimait qu'elle rappelait trop les formes antérieures, qu'elle pouvait faire songer à une église, et il dit ces paroles bien significatives : « Je ne veux pas une église ; pour le Temple que je rêve, seules peuvent convenir les formes d'un Temple grec. » Et son Temple fut un Temple grec. Jamais cela n'avait été fait depuis la chute de l'Empire romain, et cela n'a pas été refait. Comparée à la Madeleine, construite superbement avec les admirables matériaux de la France, toutes les imitations antiques tentées depuis lors dans d'autres pays ne sont que de pauvres pastiches sans grandeur et sans beauté.

Ce n'est, il est vrai, qu'une copie, et il ne faut pas faire de copies ; mais ici Napoléon a eu raison de la faire. Comme son œuvre est belle ! et, si elle cessait d'être, comme nous comprendrions qu'une des grandes beautés de Paris serait perdue !

Les constructions de l'Empire furent très nombreuses non seulement en France, mais pour ainsi dire dans toute l'Europe. Un grand style d'architecture se crée, œuvre de Percier et Fontaine, où se réunissent dans une union parfaite les sentiments de grandeur et d'élégance : la grandeur des héros faisant la conquête du monde, et l'élégance de cette Cour que le maître réunissait autour de lui à Paris.

Mais, à côté et au-dessus des monuments et des palais, une œuvre de génie domine cet âge, l'Arc de triomphe de l'Étoile où revit la puissance des Césars, plus beau que tous les arcs de triomphe de l'ancienne Rome. C'est un des plus admirables exemples des effets de puissance que la simplicité peut produire en architecture. Là ont disparu tous ces ornements qui enrichissent les arcs de triomphe romains, mais qui en affaiblissent la force, et là prédomine un caractère bien français, cette idée de verticalisme que Louis XIV avait conservée au Dôme des Invalides et qui est chez nous un des plus précieux legs de notre grande époque du Moyen âge. Dans l'histoire de l'art, à côté du Dôme de Saint-Pierre de Michel-Ange qui dit toute la grandeur du Christianisme, seul peut être placé cet Arc dont la courbe puissante dit toute la valeur héroïque de l'âme française.

§ III. — LA SCULPTURE

La sculpture aurait pu être l'art le plus florissant de la Révolution, puisque c'est par-là que l'on pouvait le plus ressembler à ces Grecs et à ces Romains que l'on voulait imiter, et parce que l'art de la sculpture semble fait, plus que tout autre, pour glorifier les héros. Mais on n'eut pas le temps de sculpter, et de plus la sculpture est un art coûteux pour lequel il faut des familles riches ou un état social très prospère. C'est pourquoi les belles sculptures se rencontrent surtout dans la période Louis XVI qui prépare la Révolution et dans la période de l'Empire qui la termine.

Sous Louis XVI, le charme de la pensée française se manifeste par des œuvres d'une grâce enchanteresse. On en peut juger au Louvre par la *Diane* de Houdon, par la nymphe *Amalthée* que Julien fit pour la laiterie de Marie-Antoinette et par les œuvres de Pajou, telles que la *Psyché* ou les admirables figures allégoriques de la façade du Palais-Royal.

Avec la Révolution cette grâce disparaît ; tout s'oriente vers les recherches d'énergie. Au Louvre l'*Homère* de Roland est une figure d'une héroïque grandeur. On a aussi de beaux exemples du style de la Révolution dans les vingt-huit grandes figures faites à la fin du siècle, pour le Sénat, par les plus grands sculpteurs de l'époque, Chaudet, Gois, Cartellier, Bridan, Ramey, Moitte. Et je ne sais pas dans l'art beaucoup d'œuvres plus belles que les nobles statues de *Déités*, qui sont aujourd'hui placées aux Tuileries, à côté de l'Arc de triomphe du Carrousel [6].

A une époque où les grandes statues sont rares, il ne faut pas négliger les œuvres de moindre dimension, les œuvres d'un travail moins coûteux qu'il fut possible de faire. C'est ainsi qu'au Musée du Louvre, le buste de Suvée par Roland, beau comme un portrait de David, suffit à dire toute la grandeur de cette école dans l'art du portrait. Au Musée des Arts décoratifs, deux petites têtes de bronze rappellent le style de Phidias et plus encore celui de ses prédécesseurs. Naturellement, sans efforts, les maîtres de la Révolution française retrouvent la force des sculpteurs d'Egine et d'Olympie.

Les sculptures, rares sous la Révolution, sont beaucoup plus nombreuses sous l'Empire. Que l'on songe seulement à l'effort qu'il fallut pour cette formidable entreprise des bas-reliefs de la Colonne Vendôme ! Cependant, cet art trop négligé depuis longtemps, n'attire pas l'attention des historiens ; on ne publie pas les sculptures de cette époque, et je dois avouer que, de toutes les écoles de sculpture, c'est celle qui m'est le moins connue.

Pourquoi aucun de ces sculpteurs ne se fit-il une place exceptionnelle, pourquoi aucun d'eux ne sut-il gagner les faveurs de l'Empereur, c'est ce qu'il est difficile de comprendre. Peut-être leur art était-il trop sévère, peut-être aucun d'eux n'avait-il su retrouver un peu de ce charme et de cette sensualité que demandait l'entourage de l'Empereur. Peut-être surtout est-ce parce qu'un grand artiste, Canova, s'était révélé au-delà des monts et que Napoléon voulut l'attacher à son char de triomphe. Napoléon appelle à lui le plus grand artiste de l'Italie, comme François Ier avait appelé Léonard, et Louis XIV le Bernin.

Mais si Canova était incontestablement le plus grand sculpteur de l'Europe, c'était bien peu l'homme qu'il fallait pour dire la grandeur de l'Empire. Il n'aimait pas l'Empereur, il ne pouvait aimer celui qui avait détruit sa République de Venise, et son cœur ne tressaillit jamais au bruit de nos armes victorieuses. Lui, Vénitien, lorsqu'il fait le buste de celui qui devint son maître, au lieu de voir cette intelligence qui fut une des plus grandes qu'ait jamais connues l'humanité, il ne voit et il n'exprime que la ruse d'un ambitieux, et lorsqu'il tente d'idéaliser cette esquisse, dans ses statues officielles, il n'aboutit qu'à une transformation banale du masque d'un empereur romain. Canova fut, non le sculpteur de Napoléon, mais celui de Joséphine et de Pauline Borghèse. Il aurait fallu l'âme virile d'un Français, et non celle d'un voluptueux Vénitien pour chanter le héros d'Austerlitz.

Napoléon n'a pas eu de sculpteur.

§ IV. PEINTURE

Plus que la sculpture, la peinture, procédé plus rapide, moins coûteux et surtout plus expressif, fut l'art de cette époque. Le plus grand artiste de la période révolutionnaire fut un peintre, David. Il eut ce privilège de la voir naître et de lui survivre. Sans un jour de disgrâce, il fut le peintre de la Révolution dans toutes ses phases successives, le peintre de la République et le peintre de l'Empire : et dans son art on trouve réunis tous les éléments qui constituent le style nouveau.

La Révolution, qui a conscience de la grandeur de ce qu'elle fait, qui croit accomplir un des plus grands actes de la vie de l'humanité, désire voir éterniser son œuvre par ses artistes. Les grandes journées de la Révolution sont des événements qui, plus que tous autres, doivent passionner le peuple et lui être donnés en exemple. Et c'est ainsi que David représentera des motifs tels que celui du *Serment du jeu de Paume* et de la *Remise des Aigles*.

A côté de ces faits glorieux qui sont l'œuvre du peuple, et afin de les provoquer, afin d'exalter les citoyens et de les élever à la hauteur du rôle héroïque qu'ils doivent jouer, l'art ira chercher dans l'histoire du passé les plus hautes leçons qu'elle peut donner. Et ces leçons, on les demandera, non pas à cette monarchie française contre laquelle on est en lutte, mais aux Républiques antiques, à celles de la Grèce et de Rome. Le *Serment des Horaces* de David marque une des dates les plus importantes de l'histoire de l'art. Avec ce tableau, c'est tout un monde qui finit et une ère nouvelle qui commence. C'est le réveil de la France après de longs jours de sommeil, c'est l'énergie rentrant dans le cœur des hommes, chassant la mollesse et les vices qui les anéantissaient.

A la suite de David, d'autres artistes, tels Lethière et Guérin, recueilleront son héritage et le surpasseront en énergie. Elève de Vien, David avait conservé des qualités de tendresse auxquelles il ne renonça jamais. Plus que lui, ses élèves furent entièrement façonnés par l'esprit nouveau. L'œuvre la plus profonde, la plus dramatique, la plus typique de la Révolution, c'est le *Brutus condamnant ses fils* de Lethière.

Un père sacrifiant ses fils à l'idée de devoir, quel motif ! C'est le motif grec d'Agamemnon et d'Iphigénie ; c'est le motif biblique d'Isaac et d'Abraham ; c'est le motif le plus terrible qu'aient imaginé les hommes pour dire les drames effroyables qui peuvent torturer la pauvre âme humaine. Et ici Lethière fait une œuvre dont l'émotion poignante est digne d'un Eschyle ou d'un Sophocle. Et tout est parfait dans ce chef-d'œuvre, la composition claire, ample, majestueuse, le dessin exprimant si énergiquement les sentiments qui agitent tous les personnages du drame, et la couleur sauvage comme celle d'un Tintoret, toute faite avec du sang.

Comme Lethière, Guérin a vu les drames de la Révolution ; comme lui, il a vécu ses heures les plus douloureuses ; il a vu les foyers ravagés, les guerres civiles et l'échafaud. Il faut penser à ces abîmes de souffrance pour comprendre son *Marcus Sextus*, fou de douleur en trouvant sa femme morte à son retour dans sa patrie. Mais, plus que le Marcus Sextus, le vrai chef-d'œuvre de Guérin est son *Hippolyte*. Comme le Brutus de Lethière, l'Hippolyte de Guérin, c'est l'homme qui fait taire son cœur pour n'écouter que la voix du devoir. Chez Lethière, c'était le cœur d'un père qui souffrait : ici, c'est le cœur d'un amant, et les deux luttes sont également tragiques. La gloire éternelle de la Révolution, c'est d'avoir mis le Devoir si haut, au-dessus de tout. Dans son œuvre,

Guérin a été digne de son sujet ; l'attitude rigide d'Hippolyte, ce bras étendu disant si bien une volonté inflexible, le renoncement à toute faiblesse, la force de la volonté résistant aux tentations du cœur, ce sont des gestes à la Talma, et c'est toute la grandeur de Corneille.

Cette énergie, ces vertus morales si noblement exprimées par David, par Lethière et par Guérin, c'est un des grands caractères de la Révolution, ce n'en fut pas le seul. A côté de lui, il faut faire une place à l'idée de bonheur, à cette ardente aspiration du peuple vers un état social où tous les hommes seraient heureux. C'est le caractère le plus singulier de cette époque de voir en même temps tant de douceur et tant de violences, tant de désirs de paix, et tant de guerres et de luttes civiles, c'est *la Marseillaise* à côté de *Paul et Virginie* et ce fut plus tard la grâce de Joséphine à côté de la puissance de Napoléon. Le caractère sentimental de l'époque révolutionnaire, nous le trouvons dans l'art même de David uni aux caractères d'énergie. David, par son éducation première, par les influences qu'il subit jusqu'à sa pleine maturité, appartient à l'Ancien Régime : il avait quarante et un ans en 1789. Tout un côté de son art est féminin, empreint de grâce et de tendresse, et son œuvre entière, depuis les débuts jusqu'à la fin de sa carrière, nous le dira : c'est le groupe des femmes dans le tableau des *Horaces* de 1784, ce sont les *Amours d'Hélène et de Pâris* de 1788, le *Bara* de 1789, le tableau des *Sabines*, de 1797, qui semble une idylle plus qu'une scène de combat, c'est le portrait de *Mme Récamier* de 1800, le groupe de l'Impératrice et de ses dames d'honneur dans le tableau du *Sacre* de 1807, et c'est le *Mars désarmé par Vénus*, sa dernière œuvre faite en 1824.

Que d'artistes suivront David dans cette voie fleurie : Gérard, dans l'*Héro et Léandre*, véritable bas-relief grec, dont le charme est digne d'un Théocrite, Girodet, le peintre de l'*Endymion*, et surtout Prud'hon, le plus grand artiste de cette époque, le maître des grâces, qui, par la beauté de ses nus, est le seul peintre qui puisse être comparé au Corrège.

L'art de la Révolution devait exceller dans le portrait. Ce n'est pas un hasard si David a été un des plus grands portraitistes du monde. Les mêmes causes qui ont fait l'art de Rembrandt ont fait le sien. Sous Louis XV, un grand seigneur ne tire pas vanité de ses qualités personnelles, qualités intellectuelles ou morales que tout homme peut acquérir, mais de son rang, de sa noblesse et de sa fortune. Il semble que, dans un portrait du XVIIIe siècle, les accessoires de toilette et de mobilier soient l'essentiel. Dans les portraits de la Révolution, c'est l'âme qui va passer au premier rang. Tous les hommes de la Révolution, tous ces hommes qui ont commencé par n'être rien et qui ne comptent que par leur volonté et leur génie, quels modèles n'offriront-ils pas aux artistes ! et comme les peintres, pour leur plaire, vont s'appliquer à les représenter sans vain apparat extérieur, dans toute l'ardeur de leur pensée ! David oublie l'art de Largillière, de Nattier, des Van Loo, pour ne voir que la vie. : Il a peint le siècle tout entier, dans ses héros et dans ses âmes les plus humbles : à côté des grands de la terre, à côté de l'Empereur et du Pape, il a fait vivre les chefs politiques, les savants, les guerriers, les membres de la haute bourgeoisie et le peuple. L'âme du peuple, souffrante, révoltée, toute faite d'énergie pour les luttes, il l'a mise dans cette merveille qu'est la *Maraîchère* du Musée de Lyon ; et le *Portrait du conventionnel Milhaud*, récemment entré au Musée du Louvre, est la plus dramatique incarnation des chefs révolutionnaires, avec leur confiance inébranlable en leurs idées, et leur cruelle volonté pour en assurer le triomphe.

Après avoir parlé des grandes idées directrices de l'art de la peinture, il nous faut dire un mot de sa technique.

La couleur de cette école fut assez particulière. C'est David qui l'a créée, non dans ses premières œuvres telles que les *Horaces*, dans lesquelles il emprunte à l'école bolonaise de violentes oppositions auxquelles il ne tardera pas à renoncer, mais dans les *Sabines* où il semble avoir été influencé par les fresques italiennes. Là il trouvait cette simplicité de coloris qui convenait à son art, loin du chatoiement des peintures du XVIIIe siècle et loin des brutalités bolonaises. Cette simplicité, cette monochromie, plaira à toute l'école. David et Guérin ne peuvent pas être plus épris de couleur que ne l'étaient un Philippe de Champagne ou un Poussin. L'ascétisme de la Révolution rejoint l'ascétisme de Louis XIII.

David, par son éducation, par son étude de l'antiquité, par sa tendance à imiter les bas-reliefs, est porté à ne pas aimer le mouvement ; ses figures sont comme d'immobiles statues. Il pouvait à son tour répéter la parole de Michel-Ange, que la peinture était d'autant plus belle qu'elle ressemblait plus à la sculpture.

De là chez David une entrave à l'art des belles compositions. Pas plus qu'il ne sait faire une figure en mouvement, il ne sait grouper de nombreux personnages. Le *Serment du jeu de paume*, où les figures sont entassées sans goût, est un véritable chaos. Dans les *Sabines* il ne parvient pas à évoquer l'idée d'une mêlée, et tout son tableau se réduit à quelques figures de premier plan. Si un jour il réussit à dérouler une somptueuse ordonnance dans le *Sacre de Napoléon*, il ne peut le faire qu'en s'inspirant étroitement d'une œuvre de Rubens, le *Couronnement de Marie de Médicis*.

Pour trouver la composition, la couleur et le mouvement, convenant à cette époque qui remuait tant d'idées et tant de choses, il fallait un autre guide que l'art antique, un autre atelier que celui de David. Des artistes plus jeunes que lui et moins classiques, Lethière à leur tête, compliqueront leurs œuvres et les feront frémir des ardeurs de la vie ; ils demanderont au coloris des ressources pour peindre les passions et les drames de la Révolution. Un peu plus tard, Gros trouvera l'éloquence qui convenait pour célébrer les triomphes de l'Empire.

Le drame de Lethière et l'épopée héroïque de Gros ont formé Delacroix, comme le classicisme de David a formé Ingres. Ingres emprunte à David son amour de l'antiquité et la correction de son style, mais Delacroix plus que lui fut le véritable héritier de l'école de la République et de l'Empire : c'est lui qui, dans l'héroïsme de sa pensée, parvint à exprimer toutes les passions, tous les enthousiasmes, toute la sensibilité du XIXe siècle, depuis les *Massacres de Scio* jusqu'aux *Journées de Juillet* ; c'est lui qui, conservant ce qu'il y avait de plus pur dans l'Art de la Révolution, fut, sans imiter l'Italie comme le Poussin ou la Grèce comme David, le plus national et le plus grand peintre de l'École française.

NOTES

1.   Cet article est la suite et la conclusion des articles parus dans la Revue des 1er janvier 1910, 15 mars et 1er juillet 1911, 15 mars et 15 mai 1912.

Au nombre des livres que l'on peut consulter utilement sur l'Art de la Révolution, je citerai : l'Art français sous la Révolution et l'Empire, de Fr. Benoit ; le Percier et Fontaine de Maurice Fouché ; le David de Léon Rosenthal et l'École française de David à Delacroix, par André Michel.

2.   Cours de Littérature dramatique.

3.   Cf. L. Hautecœur. Rome et la Renaissance de l'Antiquité à la fin du XVIIIe siècle, p. 229.

4.   Études littéraires sur le XIXe siècle, p. 27.

5.   En parlant de l'Italie et de ses pierres, on pense trop souvent à ses marbres, et l'on oublie que ses carrières de marbre, celles de Carrare, n'ont vraiment été sérieusement exploitées qu'à partir du XVe siècle. Les Italiens du Moyen âge ne les ont pas connues : et, si les artistes de l'Italie centrale les ont employées à partir du XVe siècle, ce fut surtout pour la statuaire, et c'est ce qui explique sur ce point sa grande supériorité ; mais toute l'architecture de l'Italie est une architecture de brique et de maçonnerie.

6.   Ces deux statues, la France victorieuse, et la Muse de l'Histoire, les plus représentatives, à mon sens, qu'il y ait à Paris de l'Art de la Révolution (République ou Empire) sont l'œuvre du sculpteur François-Antoine Gérard, né en 1760. Faites en 1812 pour la Cour des Tuileries, elles furent enlevées et mises à leur place actuelle en 1877. Deux autres statues, œuvres de Petitot, qui les accompagnaient, ont alors été brisées et jetées aux gravats. (P. Marmottan. Les quatre statues décoratives de l'ancienne Cour des Tuileries.)

ISBN : 978-1984904522

www.ingramcontent.com/pod-product-compliance
Lightning Source LLC
Chambersburg PA
CBHW070930220526
45468CB00005B/1729